Mami, ¿Qué es Inmigración?

Anissa Pérez
Ilustrado por Nicol Belvedere

© 2025 Anissa Pérez
Todos los derechos reservados.
Mami, ¿Qué es Inmigración?

Escrito por Anissa Pérez
Editado por Hector Perla y Alex Barrientos

Ilustrado por Nicol Belvedere
Traducido por Osman Longa, Mimi Vélez-Longa, y Yaritza Croussett-González

979-8-9900339-1-7

Este libro es dedicado

a mi hijo, Samito; mi esposo, Hector, un inmigrante de América Central; y a todos los inmigrantes que añaden belleza indescriptible a esta nación y al mundo.

Te vemos. Te escuchamos. Te amamos.

"Mami, escuché a un amigo mencionar la palabra inmigración en la escuela.

¿Qué es immigración?"

¡Esa es una buena pregunta, Sammy! Inmigración es cuando personas se mudan a un nuevo país para vivir allí. Se les llama inmigrantes. Muchos de ellos abandonan lo que más aman en sus países en busca de una vida mejor para ellos y sus familias. Muchos de ellos lo hacen en búsqueda de un mejor trabajo o a veces, por su seguridad.

Para ellos, no siempre es fácil dejar sus hogares. Muchas veces dejan atrás:

- 🟩 Seres queridos
- 🟦 Comidas deliciosas
- 🟥 Estilos de vida
- 🟨 Comunidades
- 🟧 Tradiciones
- 🟪 El dulce aroma de sus hogares

Ellos traen algunas de estas cosas a su nuevo hogar, pero nunca es lo mismo. Siempre habrá un vacío en sus corazones parecido a la forma de su país.

A veces los inmigrantes son maltratados cuando llegan a su nuevo hogar.

"O no, Mami, ¿Se ponen tristes?"

Muchos de ellos sí, por las cosas dolorosas que les dicen. Como, "Vuélvanse a su país," y "No los queremos aquí." Esas personas tal vez no entienden, ni conocen lo que es ser inmigrante. Quizás les tengan miedo o sientan malos sentimientos en sus corazones hacia ellos.

¿Te puedes imaginar a alguien diciéndote eso a tí?

"Mami, ¿Cómo podemos darles la bienvenida a los inmigrantes y mostrarles cariño a nuestros nuevos vecinos en este país?"

Haz lo contrario a lo que hacen aquellos que les dicen palabras dolorosas. Háblales con palabras de cariño como, "¡Bienvenidos a su nuevo hogar! Estamos felices de tenerlos aquí. Puedes ser completamente tú mismo en este país."

Aquí hay otras ideas:

Conócelos a través de sus historias

Hazles conocer sus derechos

Apóyalos y defiende sus derechos

Comparte con ellos un plato de comida deliciosa cuando más lo necesiten

Sé su amigo/a

Comparte ropa y zapatos con aquellos que más lo necesiten

Pregúntales si necesitan ayuda para encontrar una tienda donde vendan comida típica de su país

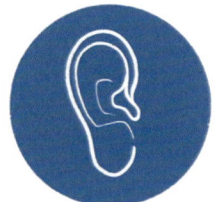
Sé un oído atento en escucharlos

Invítalos a tu comunidad y hazles sentirse parte de ella

Sé una persona de apoyo

Abre tus ojos para ver sus necesidades

Ámalos de corazón

¡Invítalos a comer!

Ahora que tu sabes lo que es la inmigración, comparte con tu amigos, cómo amar y ayudar a nuestros vecinos.

Existen más cosas increíbles acerca de los inmigrantes - e historias también. ¡No puedo esperar a compartirlas contigo!

"¡No puedo esperar a escuchar esas historias, Mami!

¡Hagamos de este mundo un lugar mejor para todos!"

Estimado lector,
Gracias por leer este libro.

Siempre tengo presente una cita del Reverendo Dr. Martin Luther King:

> *"Estoy convencido de que los hombres se odian porque se temen. Se temen porque no se conocen, y no se conocen porque no se comunican entre sí, y no se comunican entre sí porque están separados unos de otros."*

Estoy criando a un niño que va cambiar el mundo, y este libro se basa en una conversación real que tuve con mi hijo, que entonces tenía 4 años. No quise mantener esta educación e inspiración entre nosotros, sino que quise compartirla con cualquiera que quisiera leerla. Espero que les haya resultado igual de inspiradora.

No todos somos inmigrantes, ya que este país perteneció en un tiempo exclusivamente a la gente Indígena, pero la mayoría de nosotros hemos venido de algún otro lugar del mundo en nuestro linaje familiar, ya sea por elección o por coerción.

Hay muchas otras formas de honrar y celebrar a los inmigrantes, y este libro no era más que una chispa para que tú y tus hijos enciendan el fuego que arda con pasión para ayudar a los inmigrantes que llegan a nuestras comunidades.

Ama a los inmigrantes.
Escúchalos.
Conócelos.

Te prometo que verás al mundo de una forma totalmente nueva: una forma extraordinariamente hermosa.

Con cariño,
Anissa "Miss" Pérez

Hija de un inmigrante de El Salvador. Esposa de un inmigrante de El Salvador. Amiga de muchos inmigrantes de todo el mundo.

Libro escrito en la tierra ancestral de la Tribu Piscataway.

¿Cuáles son algunas otras ideas
para ayudar a los inmigrantes?

1. _____
2. _____
3. _____
4. _____
5. _____
6. _____

www.ingramcontent.com/pod-product-compliance
Lightning Source LLC
LaVergne TN
LVRC080724070526
838199LV00041B/735